www.gesteditions.com

Francis Lucquiaud

# Les RECETTES *aux* HUÎTRES

**Geste** éditions

*Une sélection de recettes choisies pour vous, faciles et délicieuses,*
*avec des explications étape par étape, souvent suivies de conseils utiles.*

# SOMMAIRE

INTRODUCTION ........................................ 9

CONVENTIONS ........................................ 11

*Les* RECETTES

Crème d'huîtres au curry et à la vanille ............ 13
Feuilleté d'huîtres aux asperges........................ 14
Huîtres à l'ancienne........................................ 16
Huîtres en brochettes ...................................... 21
Huîtres au chablis ........................................ 22
Huîtres au champagne ...................................... 25
Huîtres à la charentaise .................................. 27
Huîtres aux échalotes et au cerfeuil ................ 30
Huîtres farcies à la charentaise ........................ 33
Huîtres farcies aux noisettes et cognac ............ 34
Huîtres farcies aux poireaux ............................ 37
Huîtres en feuilles d'épinards.......................... 40
Huîtres gratinées............................................ 43
Huîtres gratinées aux girolles.......................... 44
Huîtres à notre façon ...................................... 47
Huîtres à la « riche » ...................................... 50
Huîtres sauce au piment d'Espelette................ 53
Omelette aux huîtres........................................ 55
Pâté d'huîtres ................................................ 57
Soupe d'huîtres .............................................. 58

BIBLIOGRAPHIE ........................................ 61

Dans son dictionnaire de cuisine, Alexandre Dumas oppose les « gourmands raffinés » aux « vrais amateurs » sur la manière de manger les huîtres.

Ces derniers, écrit-il, les dégustent « crues, sans vinaigre, sans citron, sans poivre ».

Les « gourmands raffinés », eux, les mangent au choix : soit avec une sauce au vinaigre et échalote dans laquelle on trempe l'animal avant de l'avaler ou simplement avec quelques gouttes de citron.

Les traditionalistes ne la croquent qu'accompagnées de beurre salé étalé sur du pain.

Les plus fortunés peuvent remplacer la baguette par un toast grillé et le beurre salé par du foie gras ; les plus snobs par une demi-pomme de terre tiède et du caviar mais le goût subtil de l'huître disparaît.

Les plus américains oseront le ketchup avec une pointe de raifort.

Les latinistes nostalgiques les goûteront cuites ou crues, avec du « garum » (jus à base d'intestins de poissons fermentés).

Les plus authentiques, les vrais Charentais, les mangent accompagnées d'un vin frais et d'une crépinette grillée sur des sarments de vigne.

Chaque huître consommée crue ayant un goût particulier, différent de la précédente, la saucisse servie très chaude nettoie les papilles et prépare le palais pour celle qui suit. Dès lors, se pose la question essentielle :
Le vin doit-il être bu entre l'huître et la saucisse ou entre la saucisse et l'huître ?

Un excellent graves servi à bonne température peut sans crainte être bu entre l'huître et la saucisse et immédiatement après la saucisse, avant l'huître suivante, mettant ainsi un terme à une querelle stérile....

*« Louis XIV, qui aimait assez les huîtres, les mangeait volontiers frites »*

*A. Franklin*

# CONVENTIONS

NOMBRE DE CONVIVES
Les recettes sont généralement établies pour huit personnes (ou six ayant bon appétit).

TEMPS DE PRÉPARATION
Les temps sont donnés à titre indicatif, ils peuvent naturellement varier, selon les conditions matérielles d'exécution (et la dextérité de l'exécutant).

TEMPÉRATURES DU FOUR
À défaut de code de température valable ; quelles que soient la source de chaleur ou la marque de l'appareil, il sera admis que :

- Doux 100 à 150 °C
- Moyen 150 à 200 °C
- Chaud 200 à 220 °C
- Très chaud 220 à 250 °C

Ces températures devant évidemment être interprétées pour des appareils dotés d'un thermostat gradué de 1 à 10 (chaque graduation correspondant approximativement à 35 °C) :
1 = 35 °C
2 = 70 °C
3 = 105 °C, etc.
Étant entendu que les appareils ménagers ne sont que moyennement fiables.

# Les huîtres

# Crème d'huîtres au curry et à la vanille

*Préparation : 15 minutes*
*Cuisson : 15 minutes*

- *5 douzaines d'huîtres*
- *75 cl de crème fraîche*
- *1 ou 2 cuillerées à café de curry*
- *1 gousse de vanille*
- *100 g de beurre*
- *5 jaunes d'œufs*
- *pluches de cerfeuil*
- *poivre du moulin*

Ouvrir les huîtres en conservant leur eau filtrée. Nettoyer les coquilles et les conserver sur des assiettes.
Fendre la gousse de vanille et la faire infuser à petit feu dans la crème bouillante pendant 10 minutes.
Ajouter l'eau des huîtres, le curry, le poivre. Réduire d'un tiers.
Pocher les huîtres 30 secondes dans ce mélange, égoutter.
Mettre les huîtres dans la soupière (ou les répartir dans les assiettes chaudes).
Lier le liquide de cuisson avec les jaunes d'œufs (sans laisser bouillir).
Fouetter en ajoutant le beurre en petits dés.
Verser sur les huîtres, parsemer de pluches de cerfeuil et servir très chaud.

*La vanille est une orchidée à fleurs jaunes dont la tige en forme de liane peut atteindre 100 mètres de long. Elle produit de longues gousses qui, après préparation, se transforment en ces fruits bruns et soyeux que l'on mêle aux desserts.*
*La plante vient du Mexique. Après la découverte de l'Amérique, on tenta de l'acclimater dans divers pays tropicaux. Elle se développa surtout bien à La Réunion, à Madagascar, au Gabon, en Nouvelle-Calédonie et à Tahiti.*
*Une fois cueillie, la vanille est étuvée puis séchée pendant plusieurs mois. Pour conserver son arôme, on enferme les gousses dans des tubes ou des boîtes hermétiques.*

# Feuilleté d'huîtres aux asperges

*Préparation : 25 minutes*
*Cuisson : 25 minutes*

- *400 g de pâte feuilletée*
- *24 grosses huîtres*
- *24 asperges*
- *50 g d'échalotes*
- *1 dl de vin blanc*
- *20 cl de crème fraîche*
- *240 g de beurre*
- *1 œuf*
- *sel, poivre*

Étendre la pâte feuilletée, découper 8 rectangles de 6 x 10 cm, battre l'œuf avec une pincée de sel, dorer chaque rectangle de pâte feuilletée avec l'œuf battu.

Éplucher puis plonger les asperges dans l'eau bouillante salée pendant une vingtaine de minutes, les retirer et couper les parties les plus tendres en petits dés.

Ouvrir les huîtres, en récupérer l'eau et la filtrer.

Étuver au beurre les échalotes hachées. Mouiller avec le vin blanc, laisser réduire de moitié, réserver. Adjoindre l'autre moitié de l'eau des huîtres et la crème, réduire à nouveau jusqu'à consistance onctueuse.

Pendant la réduction, cuire les feuilletés au four à 280 °C (th. 8).
Pocher les huîtres 30 secondes dans leur eau (réservée)
Monter la sauce en y adjoignant 200 g de beurre froid, coupé en petits dés ; ajouter les petits morceaux d'asperges.
Fendre les feuilletés en deux par le milieu.
Enduire la base d'un peu de sauce, y déposer 3 huîtres pochées puis le couvercle.

Déposer sur chaque assiette bien chaude un feuilleté d'huîtres ainsi qu'un peu de sauce aux asperges.

# Huîtres à l'ancienne

*Préparation : 25 minutes*
*Cuisson : 10 minutes*

- *48 huîtres plates*
- *125 g de beurre*
- *40 cl de crème fraîche*
- *60 g d'échalotes*
- *500 g de champignons de Paris*
- *1 citron (pour le jus)*
- *cerfeuil, ciboulette, basilic, chapelure*
- *sel, poivre du moulin*

Retirez le pied des champignons et laver les champignons à l'eau citronnée (afin qu'ils restent bien blancs), les égoutter, les hacher finement ainsi que les échalotes et les herbes.

Cuire l'ensemble dans la moitié du beurre pendant 5 à 8 minutes, à feu doux.
Saler et poivrer.

Ajouter la crème et réduire à nouveau jusqu'à obtenir une farce d'une consistance suffisante.

Ouvrir les huîtres et les vider de leur eau.

Dans un plat à gratin, déposer les huîtres et répartir toute la farce, afin de recouvrir complètement les huîtres. Saupoudrer de chapelure et de noisettes de beurre.

Mettre à gratiner au four et servir très chaud.

# Huîtres en brochettes

*Préparation : 30 minutes*
*Cuisson : 20 minutes*

- *4 douzaines d'huîtres*
- *48 tranches de poitrine fumée*
- *100 g de beurre*
- *100 g d'échalotes*
- *1 kg de tomates*
- *huile d'olive, sucre*
- *bouquet de persil, sel, poivre*

Éplucher et émincer les échalotes.
Les faire revenir dans un peu d'huile d'olive.
Ajouter les tomates pelées, épépinées et concassées, une pincée de sucre, sel, poivre.
Laisser cuire une vingtaine de minutes en remuant de temps à autre.

Pendant ce temps, ouvrir les huîtres, les égoutter.
Enrober chaque huître dans une tranche de poitrine tenue avec une petite pique en bois.
Faire revenir ces « mini-brochettes » au beurre dans une poêle très rapidement.

Napper le plat de service (ou des assiettes chaudes pour chaque convive) de la tomate concassée et réduite.

Disposer dessus les brochettes, décorer d'un peu de persil, servir aussitôt.

*Le porc se « marie » très bien avec le goût de l'huître. Sur la côte, on sert d'ailleurs souvent les huîtres crues avec des petites crépinettes grillées ou encore un excellent pâté ou des rillettes.*

# Huîtres au Chablis

*Préparation : 15 minutes*
*Cuisson : 15 minutes*

- *48 huîtres (grosses)*
- *100 g d'échalotes*
- *400 g de beurre*
- *1 jus de citron*
- *20 cl de chablis*
- *6 jaunes d'œufs*
- *1 petit bouquet de cerfeuil*
- *poivre*
- *gros sel*

Ouvrir les huîtres et recueillir le jus qui sera filtré.
Faire fondre les échalotes ciselées dans 100 g de beurre pendant 8 minutes environ sans faire dorer.
Mélanger le jus de citron, le chablis, les jaunes d'œufs ainsi que les échalotes avec 10 cl d'eau des huîtres.
Placer sur bain-marie et incorporer peu à peu le beurre en dés tout en fouettant.

Lorsque la sauce atteint la consistance d'une mayonnaise, poivrer et ajouter le cerfeuil.

Faire pocher les huîtres 30 secondes dans leur jus frémissant, égoutter.

Placer dans les coquilles, napper de sauce et servir aussitôt.

*Ne jamais laisser « pocher » les huîtres plus de 30 secondes dans le jus (tout juste frémissant) ; sinon les huîtres deviennent coriaces et bien moins agréables au goût.*

# Huîtres au champagne

*Préparation : 30 minutes*
*Cuisson : 15 minutes*

- *48 petites huîtres creuses*
- *100 crevettes roses*
- *30 cl de champagne brut*
- *50 g d'échalotes*
- *240 g de beurre*
- *poivre de Cayenne*
- *poivre du moulin*

Faire revenir les échalotes finement hachées dans 40 g de beurre.
Mouiller avec le champagne et laisser frémir doucement.

Ouvrir les huîtres au-dessus d'une passoire.
Conserver le jus.
Détacher la chair.
Faire pocher 30 secondes dans le champagne.
Égoutter et remettre dans les coquilles préalablement nettoyées.
Ajouter l'eau des huîtres au champagne.
Laisser réduire de moitié à feu vif pendant environ 10 minutes.

Hors du feu, incorporer peu à peu le beurre en dés sans cesser de fouetter.
Ajouter le poivre et une pointe de poivre de Cayenne.

Napper les huîtres de cette sauce et décorer chaque coquille de deux crevettes roses.

*Pour « caler » les huîtres dans les assiettes, les garnir avec du gros sel avant d'y déposer les coquilles qui, ainsi stabilisées, ne se renverseront pas.*

# Huîtres à la charentaise

*Préparation : 40 minutes*
*Cuisson : 5 minutes*

- *8 douzaines d'huîtres (fines de claire)*
- *24 petites chipolatas*
- *5 cl d'huile*

Ouvrir les huîtres et les conserver dans un endroit froid.

Plonger les chipolatas une minute dans l'eau bouillante et les égoutter, les sécher et aussitôt les mettre à frire dans une poêle avec l'huile.

Servir en même temps les huîtres et les chipolatas, un peu de beurre (doux ou salé) et du pain de campagne ou de seigle suivant le goût.

C'est un remarquable chaud et froid.

# Huîtres aux échalotes et au cerfeuil

*Préparation : 15 minutes*
*Cuisson : 6 à 8 minutes*

- *48 huîtres*
- *200 g de beurre*
- *100 g d'échalotes grises*
- *1 gros bouquet de cerfeuil*
- *120 g de chapelure*
- *gros sel, sel fin, poivre du moulin*

Ouvrir les huîtres et les vider de leur eau. Les déposer sur un plat à four.

Éplucher les échalotes et laver le cerfeuil, puis les hacher.

Dans une poêle, faire revenir les échalotes dans 100 g de beurre, ajouter la chapelure et retirer du feu. Ajouter alors le reste de beurre dans le récipient en fouettant énergiquement, puis le cerfeuil haché. Assaisonnez légèrement.

Remplir les 48 coquilles avec le mélange au cerfeuil.

Passer au four à 210 °C (th. 7) pendant 6 à 8 minutes.

*Il faut se fier à la coloration, elle doit être légère ; servir ce plat très chaud.*

# Huîtres farcies à la charentaise

*Préparation : 60 minutes*
*Cuisson : 15 minutes*

- *3 douzaines d'huîtres « râpures » (très grosses)*
- *100 g de beurre*
- *6 échalotes*
- *3 gousses d'ail*
- *200 g de champignons*
- *250 g de crème fraîche*
- *chapelure*
- *persil, sel, poivre*

Disposer les huîtres dans un plat et les faire bailler rapidement à four chaud.
Les sortir vite du four.
Recueillir le jus et détacher les huîtres de leur coquille.
Les mettre dans une casserole avec le jus filtré.
Faire blanchir 30 secondes, réserver.

Dans une casserole, faire fondre les échalotes dans le beurre puis les champignons, le persil et l'ail hachés finement, pendant 5 minutes environ.

Pendant ce temps, faire réduire de moitié la crème fraîche et verser sur le hachis.
Assaisonner.
Redonner un bouillon.
Disposer la farce dans chaque coquille creuse.
Placer le mollusque par-dessus.
Saupoudrer de chapelure et passer 5 minutes à four chaud avant de servir.

*Pour cette recette, il faut de très grosses huîtres. Sur place, on utilise les huîtres dites « râpures », c'est-à-dire des huîtres oubliées dans les claires et qui ont beaucoup grossi.*

# Huîtres farcies aux noisettes et au cognac

*Préparation : 60 minutes*
*Cuisson : 15 minutes*

- *3 douzaines d'huîtres*
- *30 g d'ail*
- *25 g d'échalotes*
- *25 g de persil*
- *15 g de noisettes*
- *150 g de champignons de Paris*
- *50 g de beurre*
- *5 cl de cognac*
- *1 dl de crème fraîche*
- *sel, poivre*
- *1 kg de gros sel*

Hacher l'ail, les échalotes, le persil, les noisettes ainsi que les champignons.
Les faire sauter dans le beurre puis ajouter le cognac et flamber.
Laisser refroidir, mélanger alors avec la crème fraîche, saler, poivrer.
Ouvrir les huîtres, vider l'eau, les farcir, passer 3 minutes à gril très chaud.
Pour maintenir les huîtres à l'horizontal sous votre grill, étendre 1 kg de gros sel sur le plat. Il sera facile ensuite de déposer vos huîtres farcies sans qu'elles ne se renversent, de les chauffer vivement sous le gril et enfin de les servir sur ce « fond de sel » où la préparation sera mise en valeur par l'opposition des couleurs.

*Les huîtres de Charente sont d'une grande qualité. Aussi, faut-il les goûter d'abord crues avec peut-être un jus de citron et du pain de seigle beurré.*
*Le vrai Charentais qui vous offre une huître en jette le jus avant de vous la présenter. On ne boit jamais le jus d'une huître en Charente. Elles doivent être conservées au frais mais jamais sur de la glace.*

« L'huître a de nombreux ennemis. On peut citer la daurade royale, la raie aigle, le bigorneau perceur, le crabe enragé, la pollution des eaux /…/ le goéland argenté, l'étoile de mer, la tempête, l'oursin, le poulpe, l'estivant et le couteau à huître. » Lionel Guyon

# Huîtres farcies aux poireaux

*Préparation : 45 minutes*
*Cuisson : 11 minutes*

- *48 huîtres spéciales n° 2*
- *1,5 kg de poireaux*
- *50 g de beurre*
- *40 cl de crème fraîche*
- *paprika, gros sel, poivre*

Couper les poireaux en petits filaments dans le sens de la longueur (juliennes).
Les fondre au beurre pendant 5 minutes.
Verser de l'eau jusqu'à hauteur.
Cuire à feu vif jusqu'à évaporation totale, saler, poivrer.

Préchauffer le four à 160 °C – th. 6.
Ouvrir les huîtres et retirer la chair, garder les coquilles creuses.
Récupérer l'eau. Dans une casserole, porter à ébullition.
Ajouter la crème et les poireaux. Garder au chaud.

Remettre les huîtres crues dans les coquilles.
Recouvrir avec la préparation « aux poireaux ».
Saupoudrer de paprika.
Disposer les huîtres sur un lit de gros sel.
Enfourner 6 minutes à four très chaud.
Servir aussitôt.

*Pour faciliter la réalisation de cette recette, placer les huîtres dans le panier d'un cuit-vapeur pendant 1 minute. Elles s'ouvrent alors très facilement. Mais la plus grande partie de l'eau s'évaporera et la préparation sera moins parfumée.*

# Huîtres en feuilles d'épinards

*Préparation : 50 minutes*
*Cuisson : 10 minutes*

- *5 douzaines d'huîtres*
- *1,5 kg de gros épinards*
- *2 poireaux (pour le blanc)*
- *2 carottes*
- *5 graines de cardamome*
- *150 g de beurre*
- *1 dl de vin blanc*
- *2 dl de crème fraîche, poivre, sel (si nécessaire)*

Prévoir un nombre de feuilles d'épinards égal (ou légèrement supérieur) à celui des huîtres. Après les avoir équeutées et lavées, plonger les feuilles une dizaine de secondes dans de l'eau bouillante, puis les rafraîchir à l'eau très froide. Les déposer sur du papier absorbant.

Ouvrir les huîtres, récupérer leur eau et la filtrer. Envelopper chaque huître dans une feuille d'épinard, les réserver.

Couper les légumes (poireaux, carottes) en fines juliennes, les faire étuver avec un peu beurre, mouiller avec le vin blanc, réduire de moitié, ajouter la crème, la cardamome.

Réduire de nouveau d'un tiers, vérifier l'assaisonnement et passer à la passoire fine.

Verser l'eau des huîtres sur les huîtres enveloppées d'épinards et chauffer 1 ou 2 minutes à feu moyen. Répartir les paquets dans chaque assiette bien chaude.

Fouetter la sauce en y incorporant le reste du beurre coupé en petits dés.

Verser rapidement cette préparation sur les assiettes garnies et servir aussitôt.

# Huîtres gratinées

*Préparation : 45 minutes*
*Cuisson : 10 minutes*

- *48 huîtres creuses*
- *250 g d'échalotes*
- *400 g de champignons de Paris*
- *160 g de beurre*
- *60 g de farine*
- *40 cl de lait*
- *40 cl de crème*
- *100 g de gruyère râpé*
- *gros sel, poivre*

Ouvrir les huîtres.
Retirer la chair. Laver les demi-coquilles, sécher.

Faire blondir les échalotes et les champignons hachés dans 100 g de beurre.
Faire fondre le reste du beurre dans une casserole.
Verser la farine en remuant jusqu'à ce que le mélange fasse « la fleur ».
Ajouter alors peu à peu le mélange crème et lait.
Laisser frémir 5 minutes.

Ajouter les champignons, les échalotes, le fromage râpé.
Assaisonner de sel et de poivre.
Remettre les huîtres dans leurs coquilles.
Ajouter la préparation.
Caler les huîtres sur la plaque du four à l'aide de gros sel. Passer sous le grill 2 minutes.

*« L'huître est en même temps qu'un mets savoureux, un aliment excellent de grande valeur nutritive. Il peut aussi devenir entre les mains du thérapeute averti un précieux médicament. » Louis Lambert – Inspecteur général du Contrôle sanitaire des coquillages (1950)*

# Huîtres gratinées aux girolles

*Préparation : 20 minutes*
*Cuisson : 8 à 10 minutes*

- *48 huîtres creuses*
- *500 g de girolles (petites)*
- *160 g de beurre*
- *120 g de chapelure*
- *100 g d'échalotes*
- *1 bouquet de persil*
- *1 citron (pour le jus)*
- *sel, poivre*

Ouvrir les huîtres et les vider de leur eau. Les réserver sur un plat allant au four.

Nettoyer les girolles très soigneusement, les laver puis les faire revenir avec 80 g de beurre, afin de leur faire rendre une grande partie de leur eau de végétation. Ajouter le persil haché.

Faire revenir les échalotes avec le reste du beurre, les mélanger avec la chapelure, assaisonner de sel et de poivre, adjoindre le jus de citron et garnir les huîtres de ce mélange, parsemer les petites girolles et gratiner au four jusqu'à prise de couleur.

*L'huître est un aliment recherché depuis l'antiquité. C'est un mollusque lamellibranche marin de la famille des ostréidés vivant en bancs.*

# Huîtres à notre façon

*Préparation : 30 minutes*
*Cuisson : 10 minutes (pour les œufs)*

- *72 huîtres*
- *10 œufs*
- *100 g d'échalotes grises*
- *huile*
- *vinaigre*
- *ciboulette, estragon*
- *sel, poivre*

Faire durcir les œufs, les refroidir rapidement à l'eau fraîche, afin de les écaler facilement. Séparer les jaunes des blancs.

Ouvrir les huîtres, les sortir des coquilles et les réserver.

Éplucher les échalotes, les hacher, ainsi que les fines herbes et les blancs d'œufs.
Répartir ce hachis sur un plat de service et disposer dessus les huîtres.

Arroser avec une vinaigrette faite d'huile et de vinaigre ainsi que de sel et de poivre, hacher finement les jaunes d'œufs et les déposer tout autour des huîtres.

Saupoudrer d'estragon haché et servir très frais.

# Huîtres à la « riche »

*Préparation : 30 minutes*
*Cuisson : 20 minutes*

- *40 huîtres creuses*
- *300 g de beurre*
- *150 g d'oignons*
- *1 bouquet de ciboulette*
- *2 branches de céleri*
- *80 g d'épinards cuits*
- *80 g de persil*
- *tabasco, sauce Worcestershire*
- *chapelure, sel*

Ouvrir les huîtres, retirer la chair et jeter l'eau. Hacher les oignons ainsi que le céleri branche, les épinards et le persil.

Avec une partie du beurre, faire cuire les oignons (sans les colorer). Les laisser refroidir, puis incorporer tous les autres ingrédients : ciboulette ciselée, céleri, épinards, persil ainsi que le reste du beurre réduit en « pommade ». Assaisonner de Tabasco (avec précaution c'est très fort), de sauce Worcestershire et de sel.

Garnir les huîtres avec cette préparation puis saupoudrer de chapelure.

Passer au four à 210 °C (th. 7) pour gratiner légèrement.

# Huîtres sauce au piment d'Espelette

*Préparation : 30 minutes*
*Cuisson : 25 minutes*

- *96 huîtres*
- *300 g de beurre*
- *50 g de farine*
- *150 g de concentré de tomate*
- *½ cuillerée à potage de piment d'Espelette (en poudre)*
- *6 gousses d'ail*
- *60 g de chapelure blonde*
- *4 dl de vin blanc sec*
- *sel, poivre du moulin*

Ouvrir les huîtres, en filtrer le jus pour le réserver.

Faire fondre le beurre dans une petite casserole, ajouter la farine et remuer au fouet jusqu'à obtenir un « roux » à peine coloré, adjoindre le vin blanc ainsi que le jus des huîtres, sur un feu doux, afin d'obtenir une sauce très lisse.

À ce moment, ajouter le concentré de tomate, l'ail finement haché, le piment d'Espelette.

Cuire 4 ou 5 minutes en remuant régulièrement.

Rectifier l'assaisonnement si nécessaire.

Disposer 48 coquilles, bien propres, sur un plat allant au four, les garnir chacune de 2 huîtres. Napper chaque coquille avec la sauce obtenue, saupoudrer de chapelure.

Enfourner dans le four à 240 °C (th. 8) et faire gratiner les huîtres pendant 5 minutes environ.

Servir très chaud.

# Omelette aux huîtres

*Préparation : 20 minutes*
*Cuisson : 3 à 6 minutes*

- *4 douzaines d'huîtres*
- *12 œufs*
- *5 cl d'huile*
- *50 g de beurre*
- *2 dl de vin blanc*
- *sel, poivre*

Décoquiller les huîtres, en conserver l'eau et la filtrer.

Mettre le vin blanc dans une casserole sur le feu, lorsqu'il atteint l'ébullition, ajouter le jus des huîtres, laisser réduire légèrement, ajouter les huîtres et les laisser pocher 30 secondes.
Les retirer à l'écumoire et les déposer sur du papier absorbant ou un linge très propre.

Battre les œufs dans un saladier. Saler (avec modération), poivrer, mélanger les huîtres aux œufs battus.

Mettre à chauffer le beurre et l'huile et procéder alors comme une omelette ordinaire ; 3 à 6 minutes suffisent habituellement.

# Pâté d'huîtres

*Préparation : 1 heure*
*Cuisson : 1 heure + 3 heures de stérilisation*

- *400 g de chair d'huîtres (soit 3 douzaines de grosses huîtres)*
- *500 g de gorge de porc*
- *500 g de poitrine de porc (fraîche)*
- *500 g d'oignons*
- *125 g d'échalotes*
- *0,5 l de vin blanc sec*
- *5 cl de cognac*
- *50 g de beurre*
- *1 bouquet garni*
- *sel, poivre*

Ouvrir les huîtres, les retirer de leur coquille et les mettre à égoutter dans une passoire fine.
Hacher le porc (gorge et poitrine) ainsi que les huîtres.
Ciseler les oignons et les échalotes, les faire revenir avec le beurre jusqu'à ce qu'ils commencent tout juste à « colorer ».
Ajouter alors les huîtres et le porc hachés, le vin blanc et le cognac, le sel, le poivre ainsi que le bouquet garni.
Cuire 1 heure à feu vif en brassant fréquemment (rectifier l'assaisonnement si nécessaire).

Mettre alors en bocaux (petits de préférence) et faire stériliser pendant 3 heures (à partir de l'ébullition).

*Cette préparation haute en goût doit être servie glacée. Elle est souvent présentée à l'heure de l'apéritif sur des petites tartines de pain grillé avec sur le dessus un minuscule morceau de citron pelé « à vif ».*

# Soupe d'huîtres

*Préparation : 40 minutes*
*Cuisson : 30 minutes*

- *48 huîtres creuses*
- *500 g de blancs de poireaux*
- *300 g de pommes de terre*
- *1,2 l de fumet de poisson maison ou confectionné avec 2 cuillerées à soupe de préparation déshydratée*
- *30 cl de crème*
- *50 g de beurre*
- *1 bouquet de cerfeuil*
- *poivre concassé, sel*

Nettoyer et émincer les blancs de poireaux. Éplucher les pommes de terre, les couper en dés.

Dans une casserole, faire fondre le beurre et revenir les poireaux sur feu doux pendant 8 à 10 minutes.
Verser le fumet de poisson. À l'ébullition, ajouter les pommes de terre.
Couvrir et laisser cuire 20 minutes.

Pendant ce temps, ouvrir les huîtres et les décoquiller au-dessus d'une passoire fine (pour recueillir leur eau).
Laisser reposer 15 minutes puis faire bouillir ce jus. Y pocher les huîtres 30 secondes puis les égoutter en réservant l'eau de cuisson.

Passer la soupe au moulin à légumes (grille très fine) ou lisser la soupe au mixeur plongeant. Allonger la soupe avec l'eau de cuisson des huîtres et la crème, saler si nécessaire. Porter à nouveau à ébullition.

Déposer 8 huîtres (réservées) dans 8 bols individuels chauffés.
Verser dessus la soupe très chaude. Parsemer de pluches de cerfeuil (et suivant votre goût de poivre concassé) et servir aussitôt.

*Je recommande de porter à nouveau à ébullition après l'adjonction de la crème pour que soit utilisée l'action épaississante de l'amidon contenu dans les pommes de terre et pour que la soupe soit ainsi plus onctueuse. Il peut être agréable d'accompagner cette préparation de tartines de pain de seigle au beurre demi-sel.*

## Le fumet de poisson

*Préparation : 20 minutes*
*Cuisson : 30 minutes*

- *1 kg d'arêtes de poissons*
- *(sole, barbue, turbot, pas de poissons gras type sardine, maquereau, etc.)*
- *100 g de carottes*
- *160 g de gros oignons*
- *60 g d'échalotes*
- *100 g de beurre*
- *1 bouquet garni*

Émincer finement les carottes, les oignons, les échalotes.
Faire « suer » ces éléments dans 100 g de beurre (sans coloration) 4 a 5 minutes.
Concasser les arêtes en menus morceaux.
Les ajouter à la Préparation et laisser à nouveau « suer » 4 a 5 minutes.
Mouiller avec 1,2 dl d'eau froide. Adjoindre le bouquet garni. Faire bouillir puis laisser « frémir » pendant 20 minutes.
Ne pas saler. Passer a la passoire fine, réserver jusqu'à l'emploi.

# BIBLIOGRAPHIE

DE BRUYÈRE (Valentine) et MAYER (Daisy) 1966
*Encyclopédie du XX^e siècle* – N° ÉDITEUR 306 PARIS

LEVEILLÉ (Jeanne) et GUÉROULT (Philippe) – 1984
*La cuisine des Charentes et du Poitou* – DESNOËL

LANSARD (Monique) – 1988
*Poissons, coquillages, crustacés* – ÉDITIONS S.A.E.P

LUCQUIAUD (Francis) – 2007
*Coquillages et crustacés* – GESTE ÉDITIONS

ROBERT (Jean-Louis) – 2001
*Cuisiner les coquillages* – ÉDITIONS GISSEROT

Je tiens à remercier pour leur collaboration, le plus souvent involontaire,
les publications et personnes qui pourraient se reconnaître dans ce modeste ouvrage.

Conception graphique : Jean Pierre Robin
Iconographie : Fotolia.com

Achevé d'imprimer en Espagne
mars 2010

ISBN : 978-2-84561-635-6 / LUP 834
Dépôt légal : 1er semestre 2010


Centre Routier
11 rue Norman-Borlaug
79260 La Crèche

www.gesteditions.com